Alfred Fouillée

Le Socialisme est-il scientifique

Essai

ISBN : 978-1979822930

10 9 8 7 6 5 4 3 2 1

Alfred Fouillée

Le Socialisme est-il scientifique

Essai

Table de Matières

Introduction

La Science étant devenue une divinité nouvelle, que l'on invoque de tous côtés sous un nom général et vague, il en résulte que les opinions les plus conjecturales et les plus opposées s'attribuent à elles-mêmes le titre de scientifiques. Depuis Marx, le socialisme s'est donné cette qualification, propre à augmenter son prestige. En face se dresse son adversaire, l' « économisme, » qui prétend, lui aussi, à la certitude de la science objective. Par économisme, entendez la doctrine qui, pour la solution des problèmes sociaux, compte d'une manière presque exclusive sur le jeu naturel des lois de l'économie politique, alors que le socialisme compte surtout sur le jeu artificiel des institutions et sur l'art humain corrigeant la nature.

C'est de l'économisme même qu'est sorti le socialisme. Les théories de Smith sur le travail comme source unique de la valeur, de Ricardo sur la rente, de Sismondi sur la plus-value, ont servi de prémisses aux réformateurs socialistes. Puisque l'économisme et le socialisme se réclament également de la science, il importe d'examiner jusqu'à quel point cette prétention se justifie. Peut-être reconnaîtrons-nous qu'une sociologie vraiment scientifique doit dépasser à la fois les deux systèmes en présence et en lutte.

Section I

Selon les économistes de l'école traditionnelle, toute intervention des pouvoirs publics dans le domaine économique doit être proscrite, parce que la détermination du salaire et des autres conditions du travail est soumise à des « lois nécessaires, » comme tous les autres phénomènes sociaux. Pour certains économistes, les lois naturelles font partie d'un plan providentiel et tendent d'elles-mêmes à l'harmonie ; pour les autres, la marche des faits est fatale et irrésistible, parce qu'elle est la marche de la nature même, que nous ne pouvons changer et devons *laisser faire*.

Les socialistes ont dénié à cette conception des économistes tout caractère scientifique. Il y a pourtant une interprétation plausible du « laissez faire, laissez passer ; » et c'est celle des anciens économistes classiques. Ils ne voulaient nullement dire : — Laissez faire des injustices, laissez passer des fraudes. Ils voulaient dire : — Que l'Etat n'intervienne pas dans le travail, dans la production libre, et qu'il la laisse *faire* ; qu'il laisse ensuite *passer* les produits du travail sans les charger d'impôts, de droits de toutes sortes, de prohibitions et d'entraves légales. C'est par un évident abus des termes qu'on a parfois soutenu que l'État devait tout laisser faire et tout laisser passer. Les vrais économistes n'admettent pas une telle licence. Il n'en est pas moins certain qu'ils ont fini, comme les socialistes le leur reprochent, par donner au *laissez faire* une interprétation qui le rapproche de la « lutte pour la vie. » L'économisme individualiste, s'appuyant surtout sur l'idée d'intérêt, n'a-t-il pas représenté, après Malthus et Darwin, la concurrence économique comme une face de la concurrence vitale ?

Le sociologue peut accorder qu'il existe des lois économiques indépendantes des institutions humaines, et que le socialisme a le tort de méconnaître. Nos volontés ne sauraient abolir ces lois ; elles doivent seulement les tourner à notre profit, comme elles y tournent la pesanteur par les ballons qui semblent d'abord échapper à la pesanteur même. On obéit aux lois de la nature, dit Gœthe, même quand on cherche à leur résister ; on travaille avec la nature, même quand on veut agir contre elle. Mais parmi les lois de la nature se trouvent aussi les lois de l'esprit, qui ont précisément ce caractère et cette force de pouvoir modifier les autres. En outre, parmi les lois de l'esprit se trouvent celles de l'esprit collectif, de l'esprit social, qui peut se diriger lui-même par ses idées-forces. C'est, selon nous, l'objet propre de la sociologie. M. Gide a justement comparé les lois naturelles de l'économie politique aux lois du feu ; constater que le feu tend à monter, à se propager pour telles et telles raisons, ne donne pas le droit de dire qu'en fait notre maison *brûlera*, encore moins qu'elle *doit* brûler. La société, ajouterons-nous, est toujours capable de réagir par la connaissance qu'elle a de ses propres lois, comme un feu qui pourrait s'activer ou se diminuer par la conscience de lui-même. Ceux qui parlent sans cesse des « lois naturelles » ne parlent pas assez des lois psychologiques et sociologiques. Il y a dans l'économie politique une donnée qui n'existe pas dans les sciences de la nature : c'est le travail humain. Si, par un côté, le travail rentre dans les lois naturelles de la physiologie, il rentre, par un autre, dans les lois non moins naturelles de la psychologie, puisqu'il enveloppe un élément intellectuel et volontaire, une idée directrice, une idée-force ; il rentre enfin dans les lois naturelles de la sociologie, puisqu'il n'est plus l'effort d'un être isolé, mais celui d'un être indissolublement lié à un ensemble d'autres êtres, doués comme lui de conscience. Le travail réagit sur lui-même et sur ses propres conditions par son élément montai et par son élément social. Il en résulte, selon nous, que l'économie politique doit être inséparable de la psychologie, de la sociologie, du droit et de la morale. Cette dernière science impose l'idée-force de *justice* aux catégories économiques de la *production*, de la distribution, de la *consommation*.

La possession des moyens de satisfaire les désirs humains, c'est-à-dire de la richesse, doit être considérée comme un moyen de perfectionner l'homme, non pas seulement de faire vivre ou jouir l'animal. « Il n'y a point de *richesse*, dit Ruskin, mais il y a la *vie*, la vie renfermant toutes les puissances d'amour, de joie et d'admiration. » L'économisme et le socialisme matérialiste, qui se préoccupent de « richesses, » assureront-ils le développement intensif et extensif de la vie, des puissances d'amour et de joie ? Ce but moral des sociétés l'emporte infiniment sur le but économique, qui n'est, en réalité, qu'un moyen.

Un auteur anglais a prétendu que, s'il est aujourd'hui une classe de gens qui ait besoin d'être *prêchée*, ce sont les économistes exclusifs qui se rattachent à l'école de Manchester : par la confiance qu'ils ont dans la lutte des égoïsmes pour produire la plus grande somme de plaisir général, il semble qu'ils aient hérité d'une « double dose de péché originel. » Il y a du vrai dans cette boutade, quelque exagération qu'elle renferme. Mais, d'autre part, le principe de solidarité sociale, que considèrent les socialistes, ne doit pas prétendre supprimer l'intérêt personnel. Ce serait une autre mutilation de la nature, une autre erreur à la fois psychologique et sociologique. Il y a des institutions individualistes qui resteront essentielles à la société ; il y en a aussi de solidaristes qui lui seront de plus en plus nécessaires, à mesure que se compliqueront les relations humaines ; telle est, selon nous, la vérité synthétique, qui réconcilie l'économisme et le socialisme.

En somme, l'économisme exclusif manque aux règles de la

science théorique en ne tenant pas compte de tous les facteurs qui influent sur la production, la distribution et la consommation ; il manque aux règles de la science appliquée, qui doit considérer tous les éléments en jeu, sous peine de ne raisonner que dans l'abstrait et de déraisonner dans le réel. La vraie méthode sociologique consiste à considérer *le bien entier* de *l'homme entier* et de *l'humanité entière*, bien *intellectuel, sensible* et *moral*, non pas seulement matériel. Toute sociologie pratique qui ne poursuit pas l'amélioration intellectuelle de l'homme en même temps que son progrès matériel, est dévoyée et inconséquente : elle ignore que la véritable force sociale, loin d'être dans les appétits, est dans les idées.

Section II

Les réformateurs socialistes du XIXe siècle ont donné comme des applications de la science leurs systèmes de réorganisation de la famille, de la propriété, des relations économiques, des relations politiques, de la société entière. En réalité, ils n'ont pas commencé par une étude objective de la société même, de ses conditions et de ses lois, ils n'ont pas commencé par la sociologie. Leurs systèmes, depuis le premier jusqu'au dernier, — y compris le socialisme prétendu scientifique de Marx, qui est seulement mieux systématisé que les autres, — sont des doctrines « pré-scientifiques, » selon l'expression de M. Durkheim. On pourrait dire encore que ce sont des doctrines pré-sociologiques. Les socialistes reprochent à la méthode de beaucoup d'économistes d'être « conceptuelle » et « idéologique, » de ne procéder ni par la vraie abstraction scientifique, ni par la vraie démonstration, ni par la vérification, mais par des conceptions *a priori*, que l'on combine ensuite sans en montrer l'accord complet avec l'expérience. Ces objections sont vraies de beaucoup de systèmes économiques, comme nous l'avons montré tout à l'heure, mais nous allons voir qu'elles s'appliquent aussi aux systèmes socialistes, encore plus éloignés du réel.

L'abstraction scientifique, nécessaire à la sociologie comme à toutes les sciences, consiste à séparer un groupe de faits ou de relations, afin de le mieux étudier. Partie de l'expérience, elle revient sans cesse à l'expérience, pour modeler les idées sur les faits, puis les faits sur les idées. Les conceptions de l'esprit valent par leur correspondance avec la réalité et dans la mesure où la réalité les vérifie. Est-ce cette méthode vraiment sociologique qu'emploient les socialistes actuels ? Ils partent d'abstractions et d'idées formées par l'esprit, telles qu'une parfaite répartition qui donnerait à chacun exactement « le produit intégral de son travail. » Ils partent aussi d'un idéal de l'administration collective, qu'ils supposent capable de gérer les biens de tous sans toucher aux personnes. Dans un discours à la Chambre, M. Jaurès se demandait : « Qui administrera le vaste domaine constitué par l'expropriation capitaliste ? » Et il répondait : « *L'État démocratique, assisté du peuple tout entier.* » Ces majestueuses entités touchent quelque peu à la mythologie. Les faits naturels de la concurrence, de l'offre et de la demande, de la valeur établie par leur rapport, ne sont pas toute la réalité, mais sont des élémens essentiels de la réalité ; beaucoup de socialistes y substituent un idéal de valeur absolue ou aussi voisine que possible de l'absolu, qui s'établirait uniquement d'après le « travail » et le « mérite » de chacun. « La quantité du travail, écrit Marx, a pour mesure sa durée dans le temps. Le travail qui forme la *substance* et la *valeur* des marchandises est du travail égal et indistinct, une dépense de *la même force.* » Voilà une métaphysique à l'allemande où l'on joue avec des termes abstraits. Qu'est-ce que la *substance* d'une maison par exemple ? Est-ce seulement le *travail* humain ? La nature, qui a fourni la substance des pierres, du marbre, du bois, du fer, n'est-elle pour rien dans la valeur du produit ? Qu'est-ce qu'un travail *égal* et *indistinct* ? Le travail de Pasteur, qui écrit un livre sur les fermentations, est-il égal et indistinct par rapport à celui du relieur qui a cousu les pages du livre ou du brasseur qui utilisera les découvertes du savant ? Y a-t-il là *une dépense de la même force*, qui ne serait évaluable que par la durée de cette dépense dans le temps ? Des phrases creuses peuvent tromper un ouvrier, lecteur de Marx, et lui inspirer d'autant plus d'admiration qu'il les comprend moins ; tromperont-elles un homme de science ou un philosophe, soucieux de remplacer les mots par leur définition (substance, force, etc.), puis de vérifier le rapport des conclusions aux prémisses ?

La méthode du socialisme actuel est *a priori* et dogmatique.

Elle *présuppose* des notions juridiques confuses sur les droits mutuels de l'individu et de la société, des notions économiques confuses sur les intérêts matériels de l'individu et de la société, des notions morales confuses sur les intérêts moraux ou intellectuels de l'individu et de la société, enfin des notions sociologiques confuses sur la nature même, des sociétés et sur leurs lois d'équilibre ou de mouvement. Toutes ces notions sont posées sans preuve, comme vérités indiscutables ; après quoi, on en déduit *a priori* des conséquences plus ou moins légitimes et on construit, toujours *a priori*, un plan de société parfaite, représentation symbolique des espoirs du prolétariat.

Non seulement la méthode du socialisme actuel est idéologique et *a priori*, mais elle est imaginative. Elle procède non pas seulement par des « idées, » mais par des combinaisons d'images où on s'efforce de se représenter, vingt siècles à l'avance, la société future. Méthode poétique, mais non scientifique, au nom de laquelle, cependant, on se croit en droit de renverser l'ordre actuel. Ces représentations imagées sont analogues aux mythes religieux et produisent le même effet sur les masses. M. G. Sorel a finement observé que la « grève générale, » par exemple, rentre dans le catégorie des mythes, qui, selon lui, sont « des compositions faites avec art, en vue de donner un aspect de réalité à des exposés sur lesquels s'appuie la conduite présente. » M. G. Sorel approuve d'ailleurs ces mythes au point de vue du socialisme pratique : le tableau symbolique de la grève générale donne aux idées collectivistes une « évidence, » une « précision » qui sont favorables à l'entraînement des masses et à la révolution sociale. Convenons donc que le socialisme actuel, au lieu d'être une « science » sociale, est une religion ; semblable à toutes les religions, il a ses éléments de vérité et ses effets en partie malheureux, comme tout ce qui contient du faux, germe de l'injuste.

On nous dit : « Je crois qu'on peut regarder comme démontrée l'idée que la grève générale correspond à des sentiments si fort apparentés à ceux qui sont nécessaires pour assurer la production dans un régime d'industrie très progressive que l'*apprentissage révolutionnaire est aussi un apprentissage du producteur.* » Selon M. Sorel, cette guerre enthousiaste contre le patronat exige, comme l'industrie très progressive, des qualités fondamentales d'affirmation individualiste, de conscience professionnelle scrupuleuse, de « désintéressement dans l'effort et l'invention. » C'est par des arguments de ce genre que les militaristes font l'éloge de la guerre, des vertus qu'elle suppose, des vertus qu'elle développe. Ecoutez les de Moltke et les Bismarck. Mais nous ne croyons pas que les pierres lancées contre la police, les coups de fusil dirigés contre les soldats, le pillage des magasins et des usines, le watrinage des ingénieurs ou des patrons, constituent un apprentissage de la haute industrie à venir. Il n'est pas besoin, pour de tels actes, d'un si grand « effort d'invention. » Le premier sauvage venu accomplira aussi bien ce genre de besogne. Au reste, le même auteur qui fait de la grève un acte sacro-saint se réfute lui-même en disant ailleurs : « Il n'y a évidemment aucune comparaison à établir entre une discipline qui impose aux travailleurs un arrêt général du travail et celle qui peut les amener à faire marcher des machines. » Cela revient à dire que casser les vitres n'est pas un bon apprentissage pour en fabriquer et que les destructeurs ne sont pas des producteurs.

En même temps que des dogmes et des mythes, toute religion a ses rites et son culte en commun. Si la grève générale est un pur mythe, les grèves particulières sont des réalités où la poursuite des intérêts personnels, mêlée à la conception d'un intérêt général de classe, prend la forme de rites violents, parfois sanglants. Ici encore, M. G. Sorel a fort bien montré l'effet de la grève sur les consciences des foules, comment elle donne à chaque prolétaire une conscience collective de classe, comment elle rend présente et vivante l'idée socialiste grâce à la passion qu'elle excite et entretient. Les grèves finissent par être des cérémonies cultuelles où les actes de violence sont sanctifiés. De même, le sabotage et le boycottage prennent la forme de rites : massacrer sa besogne ou mettre une usine à l'index, voire au pillage, deviennent des œuvres pies, parce qu'elles ont pour but l'intérêt sacré de la classe prolétarienne.

La méthode du socialisme actuel, comme celle des religions, est moins une étude de ce qui *est* que de ce qui devrait être. Elle expose moins des faits et des lois que des règles ou normes de conduite ; elle est, comme on dit, *normative*. Or, une sociologie vraiment scientifique renvoie toute idée de règle à la fin seulement de ses recherches ; elle étudie d'abord ce qui est et en induit avec précaution ce qui peut être, puis ce qui est désirable et doit être. C'est ainsi qu'elle devient une sociologie réformiste. Le « désirable, » d'ailleurs, peut être tel à une foule de points de vue différents : juridique, moral, intellectuel, économique, biologique, etc. Tous ces points de vue doivent être d'abord distingués les uns des autres, puis ordonnés hiérarchiquement. C'est à la sociologie et à la morale qu'incombe la tâche de déterminer l'idéal régulateur dont les sociétés doivent se rapprocher. Déclarer à l'avance et *a priori* que cet idéal sera socialiste, ou individualiste, ou toute autre chose, sans en avoir préalablement critiqué la valeur intrinsèque, sans avoir vérifié la direction réelle des sociétés dans son sens, c'est toujours faire du symbolisme religieux, non de la « science. »

Par le côté qui regarde non plus les idées, mais les faits, la méthode actuelle des socialistes est, comme l'est aussi celle des économistes exclusifs, purement empirique. On sait que la vraie méthode expérimentale procède par l'observation rigoureuse et complète de tous les faits, puis par l'expérimentation directe ou indirecte, au moyen de l'histoire, de la statistique, des données sociologiques, etc. La méthode empirique, au contraire, — comme l'appliquent le plus souvent les hommes politiques, conservateurs ou novateurs, — considère un petit nombre de faits auxquels s'attachent les préférences individuelles ; elle procède par tâtonnement, par essais qui réussissent ou ne réussissent pas, non par une expérimentation régulière. La médecine empirique de nos socialistes, pas plus que celle de nos économistes, n'est la médecine expérimentale de Claude Bernard ; elle ne peut pas s'intituler scientifique. L'expérience bien conduite, en sociologie comme ailleurs, aboutit à l'induction. Une méthode d'induction rigoureuse touchant l'avenir devrait avoir épuisé toutes les hypothèses possibles et toutes leurs conséquences, de manière à démontrer que, parmi ces hypothèses, une seule est admissible. Le socialisme actuel, à coup sûr, est infiniment loin de cette méthode « exhaustive, » selon l'expression anglaise. Il exclut d'avance toutes les hypothèses, excepté deux : celle où la société serait pour toujours vouée aux maux du capitalisme actuel, celle où elle serait vouée à l'abolition de la propriété privée. Or, entre ces deux hypothèses extrêmes, combien d'autres peuvent trouver place ! Entre la conservation intégrale et la destruction intégrale, que de réformes intermédiaires ! Les systèmes socialistes ont-ils le droit de nous imposer ces deux hypothèses arbitrairement choisies dans le tas ? De plus, les inductions vraiment scientifiques, en matière sociale, ne peuvent guère porter que sur des tendances : tels phénomènes *tendent* à produire tel résultat, tels autres phénomènes, tel résultat opposé. Enfin, la science n'autorise que les inductions *prochaines* et partielles, tirées des faits bien constatés et bien interprétés. Ces inductions elles-mêmes, fragmentaires, limitées, sujettes à l'éternel *mutatis mutandis*, doivent être présentées pour ce qu'elles sont, c'est-à-dire hypothétiques. Par exemple, il est probable qu'on arrivera à diriger les ballons ; mais quels sont les changements dans les rapports sociaux qu'entraînera cette conquête de la science ? Voilà qui est difficile à préciser. A plus forte raison, comment savoir si la propriété privée disparaîtra au profit de la collective ? Une aussi radicale métamorphose dépasse toutes les prévisions possibles de la sociologie actuelle. Un système relatif à la constitution de la propriété dans cent mille ans ne peut pas être scientifique.

La société fondée sur le droit de propriété existe et fonctionne depuis des siècles ; elle est perfectible et, en fait, se perfectionne sans cesse ; avant d'en détruire les bases, il faudrait avoir démontré scientifiquement la supériorité et la possibilité immédiate du régime collectiviste : où est cette démonstration ? Le maintien perpétuel de la propriété privée dans l'avenir est sans doute aussi une hypothèse, mais cette hypothèse est du moins fondée sur les faits présents et passés, tandis que l'abolition de la propriété privée est une hypothèse opposée aux faits présents et passés. C'est donc aux socialistes qu'incombe la preuve ; par malheur, cette preuve est impossible à fournir. La science n'autorise pas des inductions aussi totales et aussi hasardées.

Outre les vices de méthode que nous venons de montrer, le grossissement des faits et les généralisations hâtives sont des causes d'erreur trop fréquentes dans le socialisme actuel. Par exemple, nous voyons se produire sur certains points, en vertu de causes spéciales et déterminables, une concentration des richesses ; donc, disent les socialistes, sur tous les points la concentration se fait, donc le collectivisme se fait et se fera. Nous voyons se produire sur certains points, en vertu de causes spéciales, une intervention croissante de l'Etat et des communes, donc cette intervention aura lieu partout et absorbera tout. C'est le pendant du paralogisme économique : l'abandon à la nature réussit dans de certaines limites, donc il doit réussir partout et sans limites. L'abandon à la société réussit de même sous certains rapports ; donc, selon les socialistes, il faut le pratiquer partout. Ces thèses absolues se détruisent entre elles. La méthode de la sociologie réformiste est celle qui spécifie, particularise, limite ses affirmations aux faits observés, ses conclusions aux conséquences de ces faits seuls. Si la propriété entraîne des abus, il s'ensuit qu'il faut réformer ces abus ; mais comment en déduire qu'il faut abolir la propriété ? Si cette abolition, à son tour, entraîne des abus, comme il est inévitable, il faudra donc aussi la rejeter pour cette unique raison ! Nous ne sortirons jamais du labyrinthe des sophismes.

Le raisonnement par analogie, cher aux constructeurs de systèmes sociaux (et dont les sociologues eux-mêmes ne savent pas toujours se défendre), est un moyen de soutenir toutes les thèses et de leur donner une couleur pseudo-scientifique. Il y a eu des révolutions dans l'histoire du globe terrestre ; donc les révolutions doivent exister et seront toujours utiles dans l'ordre social. A quoi les économistes répondent, par une nouvelle analogie : — La théorie plutonienne des éruptions violentes cède de plus en plus la place, en géologie, à la théorie neptunienne, qui explique les choses par le travail paisible et séculaire des eaux. — Veut-on aller d'analogie en analogie ? Les socialistes invoqueront les changements brusques : la naissance et l'accouchement (la force accoucheuse des sociétés), le papillon sortant de la chrysalide. Mais les économistes leur opposeront que la discontinuité est apparente, que l'enfant est préformé dans le sein de sa mère, le papillon dans sa chrysalide, que la nature ne fait point vraiment de « sauts, » ce qui supposerait des effets inadéquats à leurs causes. Toutes ces analogies auraient besoin, pour être scientifiques, d'être ramenées à leur vraie portée et resserrées dans leurs limites. Il est plus vite fait, sous couleur de science, d'employer des métaphores d'aspect scientifique, de présenter des comparaisons inexactes comme des raisons.

La méthode du socialisme actuel est doctrinaire et souvent intolérante. L'esprit de maint collectiviste est aujourd'hui identique dans le fond à l'esprit fanatique ; même prétention à la domination *universelle* des esprits et des corps : *una fides, una ecclesia*. Hors de l'église collectiviste, point de salut. Aux socialistes on peut répondre : *Oporlet hæreses esse* ; il est nécessaire qu'il y ait des dissidents, des individualistes ennemis du conformisme universel, des libertaires, des Zarathoustras, si l'on veut ! Aristote a eu raison de dire que l'universel est vide ; à force de vouloir atteindre l'universel bien-être, on risque de laisser les gens mourir de faim, comme, pour vouloir produire par autorité l'universelle vertu, le catholicisme du moyen âge affaiblissait les volontés individuelles.

La méthode autoritaire et despotique qui procède à coups de décrets n'a rien de commun avec la science et, en particulier, avec la sociologie. Ce fut celle des révolutionnaires du XVIIIe siècle, imbus de l'esprit des Rousseau et des Mably, ayant la superstition de l'Etat et de son omnipotence, persuadés que la volonté de l'homme peut changer *ex abrupto* la société. Or, s'il est faux de prétendre que nous ne pouvons rien pour modifier l'ordre social par nos idées-forces, il est également faux que nos idées-forces puissent, sans se soumettre aux conditions du déterminisme actuellement existant, produire des transformations magiques. La société est comme la nature : pour lui commander, il faut d'abord obéir à ses lois : *imperare parendo*.

La plupart des socialistes de notre époque ont encore les préjugés anti-scientifiques et anti-sociologiques du XVIIIe siècle sur la bonté naturelle de l'homme, sur la toute-puissance qu'aurait la raison humaine si les institutions sociales ne la détournaient de ses voies naturelles. Ils sont portés à croire que tous nos maux viennent de la mauvaise organisation de l'État, que cette organisation elle-même est l'œuvre du mauvais vouloir des possédants. C'est ainsi que, au XVIIIe siècle, ou expliquait les religions par l'imposture des prêtres, par leur dessein d'exploiter les masses. La critique scientifique, en sociologie comme dans l'histoire des religions, ne consiste pas à expliquer tout par la mauvaise volonté des propriétaires ou par celle des prêtres. Les choses sont moins simples : le déterminisme qui les a produites est d'une complexité infinie.

Par le recours perpétuel à l'Etat ou à la société, nos socialistes déplacent la difficulté sans la résoudre. Qui a dirigé les plus mordantes satires contre le « laissez faire ? » Les socialistes. Ils ne s'aperçoivent pas qu'ils le prêchent tout autant que les économistes, quoiqu'en sens opposé. Laissez faire les individus, disaient les économistes, et vous verrez les touchantes harmonies qui résulteront de leur libre action. Là-dessus, les socialistes de se récrier, en rappelant tous les conflits qui remplacent de fait ces harmonies. Mais ils ajoutent à leur tour : Laissez faire la société, c'est-à-dire l'Etat, — comme autrefois on disait l'Église, — ou le grand conseil des Fédérations, et vous verrez les chefs-d'œuvre qu'on réalisera. Les individus n'auront plus à se faire concurrence, la société choisira pour eux, déterminera leur tâche et la rémunération de leur tâche, laissez faire ! Les individus n'auront même plus besoin de cette moralité qui leur impose effort, privation, oubli de soi-même et sacrifice ; la société, elle, accomplira la besogne : laissez faire ! Tout comme les économistes qui croient à l'infaillibilité des lois naturelles, les socialistes croient à l'infaillibilité des lois humaines ou, si l'on abolit les lois, des règlements syndicalistes.

Section III

Dans le passage à la pratique, le socialisme actuel admet deux méthodes opposées, l'une évolutionniste, l'autre révolutionnaire. Demande-t-on ce que sera la société future, les socialistes déclarent qu'ils n'ont pas à le dire, parce qu'on ne peut prévoir les résultats précis d'une *évolution* naturelle. Du temps de l'esclavage, on ne prévoyait pas le servage ; du temps du servage, le salariat. Comment sera organisée la société future, on ne saurait le décrire : les destins trouveront leur voie, *fata viam. invenient.* — Bien de mieux ; mais, par une flagrante inconséquence, nos socialistes déclarent dès à présent que la société sera un jour collectiviste et même communiste. C'est s'avancer beaucoup plus que ne le permet la vraie méthode sociologique, car le collectivisme est une forme très déterminée de production, de distribution, de consommation. S'il existe aujourd'hui des tendances à la socialisation, il y a aussi des tendances à l'individualisation ; comment donc le sociologue pourrait-il croire que la socialisation *seule* triomphera à la fin, sous la forme *précise* de la propriété collective, de la distribution collective, de la consommation collective ? « Il n'y aura pas d'État socialiste, déclare d'avance Bebel, il n'y aura que la société socialisée. » — Comment ? — Bebel répond en demandant si les catholiques peuvent nous représenter cette « vie future » dont ils parlent sans cesse. La comparaison est expressive : il s'agit bien en effet d'une vie future, d'une vie céleste sur terre. On veut nous persuader de renoncer à la vie actuelle en faveur d'un paradis qui n'a d'autre garantie que les promesses des collectivistes. Quant à la « société socialisée » qui remplacera l'État, c'est une de ces formules vides dont se repaît la théologie communiste ; autant vaudrait nous promettre *l'humanité humanisée* et même *divinisée.*

Comme Bebel, M. Jaurès a dit à la tribune qu'il ne fallait pas demander, pour la grande substitution de la société nouvelle à l'ancienne, « le détail minuscule et méprisable. » Ainsi » quand il s'agit de bouleverser tout de fond en comble, il n'importe pas de savoir au juste ce qu'on mettra à la place de ce qui est, de ce qui vit, de ce qui marche ? Ce n'est point ainsi qu'on procède dans les sciences appliquées. L'ingénieur qui doit construire un pont où passeront des trains pesants se croit obligé de prévoir les détails minuscules et ne les trouve nullement méprisables : l'oubli d'un de ces petits détails peut précipiter le train dans l'abîme. Supposez des hommes persuadés que l'humanité trouvera un jour des moyens d'aviation permettant à chacun de s'élever dans l'atmosphère ; après avoir mis en avant ce postulat que l'aviation est désirable, possible, certaine pour l'avenir, ils demandent la suppression de tous nos moyens actuels de transport et veulent nous entraîner dans les airs. Ne les prierons-nous pas, avant de nous lancer du haut des tours de Notre-Dame, de décrire leur appareil dans ses détails les plus minuscules, de le faire fonctionner sous nos yeux et d'entreprendre les premiers le grand voyage aérien ?

Karl Marx se moquait de ceux qui se sont habitués avoir dans la république démocratique la réalisation du millénaire, à croire qu'en accouplant « mille fois le mot *peuple* au mot *État* » on a résolu mille fois la question sociale. Il allait jusqu'à dire, avec l'âpre humour d'un Teuton, qu'on n'a pas fait ainsi « avancer la question d'un saut de puce. » Il critiquait vertement ceux qui placent tout leur espoir dans la démocratie, il raillait leur foi « au surnaturel démocratique. » Ne pourrait-on se moquer aussi de la foi au surnaturel socialiste ? S'il est naïf de croire qu'il suffit de remettre à la foule le gouvernement pour obtenir la perfection politique, n'est-il pas encore plus naïf de croire qu'il suffira de lui remettre, outre le gouvernement, l'administration de toutes les choses et la direction de toutes les personnes, pour réaliser la perfection sociale ? Celle-ci, pour le sociologue, est autrement vaste et autrement difficultueuse que la simple perfection politique. Si Marx avait raison de blâmer le « clinquant démocratique » à l'usage des masses, que dire du clinquant collectiviste, et surtout des promesses du millénaire communiste ? C'est vraiment ici que nous voguons en plein « surnaturel. »

Les socialistes qui prédisent l'abolition de la propriété privée sont, non pas des savans, mais des prophètes ; ils emploient dans la critique la méthode de Jérémie, dans la construction, celle d'Isaïe. Comme tous les prophètes, ils mettent à la fois dans leurs oracles trop et trop peu de clarté, trop pour l'imagination et trop peu pour la science. — Ne faut-il pas, disent-ils, laisser aux formules le degré d'imprécision nécessaire, pour que « l'incorporation progressive des résultats nouveaux de la recherche scientifique y soit possible ? » — Mais la prudence « scientifique » commanderait encore bien mieux de ne pas prononcer une proposition aussi indémontrable que la suivante : — La société future sera collectiviste et communiste. — Tout ce que peut le savant, c'est d'examiner sans parti pris et les données de la nature humaine et les données de la société humaine, pour voir ce qui semble immuable, ce qu'il y a de changeant, en quel sens il est *probable* que se produiront les changements les plus prochains. Quant aux régimes collectivistes et communistes, ce sont des possibilités (ou peut-être des impossibilités) indûment présentées comme un terme marqué d'avance à l'évolution.

Pour s'excuser de n'avoir établi scientifiquement ni que le socialisme est désirable, ni qu'il est possible, ni par quels moyens, les socialistes disent avec Marx, Bernstein et, tout récemment, avec M. Lagardelle : « Le socialisme n'est pas un système, c'est un mouvement. » Formule spécieuse, qui, à y regarder de près, n'a guère de sens. Qu'est-ce qu'un mouvement sans une direction déterminée ? L'anti-socialisme est aussi un mouvement ; qu'est-ce qui le distingue, sinon le point vers lequel il tend ? Réclamer et prédire l'abolition de la propriété privée, l'établissement de la propriété collective, le renversement de la société présente, ce n'est pas un « système ? » Qu'est-ce qui sera donc un système ? L'entière subordination de tous les faits sociaux, même intellectuels, moraux et religieux, aux faits économiques, ce n'est pas un système ! La lutte des classes et la divinisation finale de la classe prolétarienne, ce n'est pas un système ? La théorie de la plus-value, l'abolition de tout profit, de tout revenu, de tout intérêt, de toute rente, etc., etc., ce n'est pas un système ? La vérité est que le collectivisme est un édifice idéal construit avec des données incomplètes, dans une région « utopique » et « uchronique, » au sens propre des mots. C'est le plus système de tous les systèmes ; c'est presque le système *en soi*. A moins que vous n'entendiez par mouvement socialiste une vague inquiétude du mieux : il se réduira alors à : « J'aspire. » Encore faut-il aspirer à quelque chose et, s'il s'agit d'améliorer le sort du peuple conformément à la justice, qui donc, sinon les égoïstes et les lâches, n'aspirera pas à ce progrès sans fin, devoir pour tous ? Comme système, le collectivisme est en dehors de la science ; comme a mouvement, » il se perd dans tous les mouvements vers le mieux qui agitent notre époque.

Après avoir invoqué l'évolution pour motiver le droit au silence sur les voies et moyens de la société future, les socialistes actuels invoquent la « révolution » pour renverser la société présente, pour opérer la grande « liquidation sociale, » la redistribution universelle.[1] Les révolutionnaires veulent que, selon les expressions de M. Guesde dans une interview du *Matin* (août 1907), le pouvoir politique soit arrache à la bourgeoisie « par tous les moyens, selon les circonstances, depuis le bulletin de vote politique jusques et y compris l'insurrection, qui a été de droit et de devoir bourgeois, et qui est restée de droit et de devoir ouvrier. » L'insurrection est assurément une méthode qui n'a rien de scientifique. De plus, l'utilité des révolutions opérées par les bourgeois est matière à contestation. On s'est souvent demandé si la Révolution de 89 et celle de 48 n'eussent pu être évitées. Mais laissons ces hypothèses en l'air. En tout cas, ces révolutions avaient leur motif dans le déni du droit de participer aux affaires publiques, droit qui appartient à

---

1 Beaucoup de collectivistes ont même une telle horreur des institutions et progrès qui pourraient rendre cette révolution inutile, que, à propos de l'exposition des œuvres philanthropiques, le chef du marxisme en France. M. Jules Guesde s'écriait : « Cette véritable *exposition*, dans le sens judiciaire et infamant du mot, ne fera que fournir au prolétariat humilié et volé de nouvelles raisons et de nouvelles forces pour suivre sa voie révolutionnaire. (*La Lanterne* du 26 août 1898.) » Nous doutons que ce soit là de la « science. » Nous ne trouvons rien d'infamant dans les millions que, de toutes parts, la philanthropie apporte aux malheureux de Messine. Quel État, même collectiviste, aurait osé leur voter tous ces millions que l'initiative individuelle leur prodigue ?

tous les citoyens. De là la guerre latente, puis déclarée. Mais peut-on comparer à l'ancienne monarchie un régime républicain où tous sont armés du droit de vote, du pouvoir de faire triompher légalement leurs idées quand elles seront celles de la majorité ? Est-ce là que l'insurrection est le plus sacré des devoirs ?

Admettons cependant que, d'ici à quelques années, se produise la « catastrophe » qui obligera à reconstruire la société sur de nouvelles bases ; ne serait-ce pas encore le cas de demander quelles sont ces bases et selon quel plan nous reconstruirons ? A moins de partager la naïveté des anarchistes, qui disent : Détruisons tout, et tout se reconstruira de soi-même ! Ce qui n'a pas encore pu s'arranger depuis des milliers d'années s'arrangera en quelques jours, par la seule vertu de la destruction violente et de la reconstitution spontanée ! Descartes disait qu'avant d'abattre sa maison pour en refaire une meilleure, il faut s'assurer un abri provisoire ; les révolutionnaires, eux, veulent d'abord abattre nos imparfaites maisons, sans se préoccuper de savoir si, en attendant le palais de leurs rêves, nous ne logerons pas à la belle étoile. — Le palais collectiviste que nous voulons édifier ne sera sans doute pas parfait de tous points, mais on peut démontrer que notre œil n'est pas non plus un instrument parfait, et cependant « nous désirons avoir des yeux. » — Sans doute, mais cette comparaison se retourne contre les socialistes. Ils nous promettent dans l'avenir la réalisation d'un œil idéal en faveur duquel ils veulent que nous renoncions à notre œil présent ; l'œil présent, si critiquable soit-il, a l'avantage d'exister et de fonctionner. Qui voudra se le faire arracher par un médecin de Molière pour mettre à la place un œil artificiel, auquel on attribue par hypothèse toutes les vertus ? Les physiologistes accusent d'imperfection non seulement nos yeux, mais tous nos organes ; il en est qui ont découvert que l'estomac ne sert à rien, d'autres que l'intestin est chez nous beaucoup trop gros et gênant. Il en est même qui, confiants dans les audaces de la chirurgie, voudraient pratiquer l'ablation partielle de ces entrailles défectueuses, présent de la nature : nous digérerions mieux, nous nous assimilerions mieux les aliments, tout notre organisme en serait rajeuni ! Les amateurs manquent cependant pour le bistouri : on préfère l'intestin et l'estomac séculaires aux organes corrigés par le chirurgien. On voit ce qu'on a, on ne voit pas ce qu'on aurait, et si on ne mourrait pas de l'opération.

Outre la loi de continuité, qui domine la sociologie, les révolutionnaires méconnaissent l'interdépendance ou déterminisme réciproque des phénomènes sociaux. Ils ont beau invoquer l'idée de solidarité comme un fondement du socialisme, ils finissent par la rejeter dans l'application. Ils se mettent en dehors des solidarités organiques qui lient l'avenir au présent : ils croient qu'on peut opérer le changement à vue du régime de la propriété individuelle. En même temps, ils s'affranchissent de tous les liens du quasi-contrat entre les générations passées, les générations présentes et les générations à venir. Ils méconnaissent ainsi les lois de l'organisme contractuel.

On a appelé les utopistes des oiseaux de tempête qui annoncent l'approche orageuse de l'ère nouvelle. — Ces oiseaux ne sont pas toujours, pour le sociologue, des précurseurs de l'avenir. J'accorde que la vérité de demain est souvent le paradoxe d'aujourd'hui : une proposition vraie, quand elle n'est pas liée d'un lien visible aux lois actuellement constatées, paraît étrange et contraire à l'opinion commune. Mais il n'en résulte nullement que tous les paradoxes d'aujourd'hui soient les vérités de demain. Cet honneur n'appartient qu'à un seul, qui est la « pointe subtile » dont parle Pascal. On a mille chances pour une de mettre à côté. Ce n'est pas en cherchant le paradoxe qu'on trouve la vérité cachée, mais en développant dans leur vrai sens les vérités visibles. Ni les mathématiques, ni la physique ne procèdent par paradoxes, pas plus qu'elles ne procèdent pas paraboles et hyperboles.

Non seulement la méthode des socialistes actuels est contraire à la science en général, mais, plus particulièrement, elle est contraire à la science morale. La justice, en effet, veut que nous ne présentions pas à ceux qui souffrent des constructions en l'air comme des certitudes, des remèdes problématiques comme d'infaillibles panacées. Elle veut que nous cherchions, dans le présent, à améliorer leur sort et à sauvegarder leurs droits. Outre qu'il n'est pas conforme à la sincérité de dépasser ses prémisses dans ses conclusions, il est contre la justice de prêcher le renversement des moyens actuels d'existence et de progrès, si critiquables soient-ils, sans savoir de science certaine par quoi on les remplacera. Il y a là une responsabilité que tout homme *juste* doit envisager avec terreur. Autant le sociologue doit désirer les réformes, autant il doit craindre des cataclysmes dont nul ne peut prévoir les conséquences. Pour ne pas reculer devant l'emploi éventuel de la force, « du fer et du sang, » il faut être aussi machiavélique et sceptique qu'un Bismarck, aussi fanatique qu'un Torquemada.

Tout dogmatisme aboutit d'ailleurs au fanatisme. Rendre les hommes heureux et vertueux malgré eux, voilà le problème dont tout fanatisme, religieux ou social, prétend posséder la solution. Quand un croyant se laisse aller, lui aussi, à l'irritation et aux anathèmes, quand il menace de tous les maux ceux qui ne pensent pas comme lui, il assume d'avance, sans s'en douter, la responsabilité des bûchers, des massacres et des guerres. Que dire des révolutionnaires qui divisent la société en deux classes, les propriétaires voleurs, les prolétaires volés, et qui poussent les uns contre les autres ? Ils ne voient pas que sur eux retombera le sang versé. Apres avoir lutté contre les sauveurs et honni les Bonapartes, ils emploient leurs procédés. Eux aussi se donnent comme des sauveurs ; eux aussi veulent « sortir de la légalité pour rentrer dans le droit ; » eux aussi admettent que la fin justifie les moyens, que le *salut public* réclame la violence et les tueries. La « science » a-t-elle quelque chose à voir dans cette méthode persécutrice, mise au service des dogmes nouveaux ? Sous l'influence du syndicalisme révolutionnaire, nous voyons se développer sous nos yeux une nouvelle casuistique, analogue à celle que flétrissent les *Provinciales*. Pour ces disciples inconscients des Molina et des Suarez, les moyens justifient la fin ; et ces moyens sont, comme toujours, la ruse et la violence. La ruse est dans le sabotage et dans vingt autres procédés qui ont pour but de ruiner les patrons ; la violence est dans les essais ou « répétitions » de la grève générale, dans les « entraînements méthodiques » à la guerre civile. Toutes ces « œuvres » du syndicalisme ont leur justification dans la « foi » qui sauve. Les violents s'attribuent la mission d'entraîner la masse des inertes par le petit nombre des actifs. Dédaigneux du suffrage universel et contempteurs de la démocratie, ils se confèrent à eux-mêmes, comme Bismarck, le droit avec la force. Il faut, disent les mystiques du syndicalisme révolutionnaire, laisser faire Y élan vital, il faut s'en remettre à l'*intuition* qui dépasse la science ; on arrivera, par la destruction de ce qui est, à l'*ordre anarchique* de

Proudhon. Demandez-vous ce que sera cet ordre, M. Sorel vous répond que le prolétariat, « ne poursuivant point une conquête, n'a point à faire de plans pour utiliser ses victoires. » Mais, si le prolétariat ne poursuit point une conquête en voulant mettre la main sur le pouvoir, et, par le pouvoir, sur la propriété, aux dépens des propriétaires dépossédés, que poursuit-il donc ? Que signifie le mot même de collectivisme, que les révolutionnaires ont sans cesse à la bouche, sinon un plan quelconque d'organisation collective de la propriété ? Tout à l'heure, ils nous disaient : « Le but n'importe pas, le mouvement seul importe ; » ils nous disent maintenant : la lutte seule importe ; pourvu qu'on sabote, qu'on boycotte, qu'on fasse grève, qu'on se batte et qu'on s'entre-tue, le reste n'est pas notre affaire.

Section IV

La lutte des classes et le collectivisme final, prêches par le socialisme, sont les deux principales applications de la méthode prétendue scientifique. Examinons-en la valeur. Le premier dogme essentiel du socialisme est la lutte des classes. La grande tradition française avait vu dans la société l'union et la sympathie en vue des idées universelles ; l'école allemande de Marx y voit une bataille de castes pour la possession des biens matériels et elle sacre souveraine la caste « prolétaire. »

La lutte des classes existe assurément sur un grand nombre de points. Le mérite de Louis Blanc et de Marx est d'avoir mis ces points en lumière, non sans d'énormes exagérations. Mais, en premier lieu, la lutte des classes n'est qu'un cas particulier de la lutte universelle et de l'universel antagonisme des intérêts. Les individus rivalisent et luttent entre eux aussi bien que les classes, qui elles-mêmes ne font que totaliser les luttes individuelles. Que dire des luttes entre les nations ? En second lieu, la lutte universelle tient aux nécessités mêmes de la vie, à la concurrence pour l'existence, pour le bien-être et le bonheur. Comment donc le socialisme matérialiste espère-t-il la supprimer par un simple arrangement des mécanismes sociaux, dont la direction serait désormais confiée à la société ? Croire qu'il suffit d'abolir la propriété privée pour supprimer la lutte entre les égoïsmes, n'est-ce pas méconnaître la racine profonde des rivalités humaines ?

Enfin et surtout la lutte n'est, pour le sociologue, qu'un aspect des relations sociales, non le seul ni le plus important. Un autre aspect essentiel est la solidarité et, en particulier, celle des classes. Nous sommes tous solidaires *avant* d'être rivaux et *plus* que nous ne sommes rivaux. Des trois grandes sphères de l'économique, production, distribution et consommation, la première est le principal domaine de la solidarité. Ne sommes-nous pas tous intéressés à ce que la production des richesses de toutes sortes soit aussi abondante qu'il est possible ? La rivalité ne commence véritablement qu'avec la distribution en vue de la consommation, cette dernière étant, de sa nature, individuelle. S'il n'y a pas d'abord des biens à partager, nous ne nous disputerons pas pour la répartition. Tous les antagonismes sont ainsi précédés de liens de solidarité, même dans l'ordre matériel. Que serait-ce si nous passions à l'ordre des choses intellectuelles et morales ? C'est ici que nos vrais intérêts ne font qu'un. La classe prolétaire n'a donc, à aucun point de vue, le droit de s'ériger en antagoniste absolue de la classe possédante. Ici comme partout, le point de vue scientifique, méconnu du socialisme « scientifique, » est celui de l'interdépendance.

Ajoutons que la division simpliste de la société en deux classes est inadmissible. Où sont les purs prolétaires et les purs capitalistes ? Surtout dans les pays démocratiques, c'est la classe *moyenne* qui l'emporte, si bien qu'il n'y a guère de vrais prolétaires et que les vrais capitalistes sont une minorité toujours décroissante.

Parler sans cesse de la classe du prolétariat comme ayant tous les droits, c'est faire de l'aristocratie à rebours ; c'est élever une fraction au-dessus des autres et s'occuper de ses intérêts aux dépens des autres. Cette classe est la plus nombreuse, sans doute ; elle n'est pas *le tout*. Ce n'est pas ma faute si je n'ai pas l'honneur d'être prolétaire, ou si, l'ayant été, je ne le suis plus grâce à un travail persévérant et opiniâtre. Les prolétaires n'ont pas plus que les autres le droit de dire : La nation c'est moi, l'humanité c'est moi.

Après avoir, en théorie, condamné la concurrence et le triomphe des plus forts, les syndicalistes révolutionnaires prêchent eux-mêmes la concurrence des classes pour la vie et le droit de la force. « La violence, écrit M. G. Sorel, vient naturellement prendre place dans notre système ; d'un côté, un progrès rapide du collectivisme conduit par un capitalisme déchaîné, et de l'autre, une organisation croissante du prolétariat, qui acquiert des qualités de puissance dans les luttes violentes que les grèves entraînent, voilà les deux conditions du syndicalisme révolutionnaire… Le lien que j'avais signalé entre le socialisme et la violence prolétarienne nous apparaît maintenant dans toute sa force. C'est à la violence que le socialisme doit les hautes valeurs morales par lesquelles il apporte le salut au monde moderne. » « Il y a, dit à son tour M. Edouard Berth, deux forces en présence, la force capitaliste et la force ouvrière ; *elles n'ont pas à se préoccuper l'une de l'autre.* La classe ouvrière ne se voit nullement comme *la partie d'un tout* ; mais elle se considère *comme étant un tout par elle-même.* Il ne s'agit pas de composer ou de transiger avec la bourgeoisie, il s'agit de la *détruire…* Bien loin de chercher à atténuer l'*insolidarité,* il faut la creuser davantage, la poursuivre à fond et la transformer en une véritable lutte de classe. » « Le syndicalisme, dit enfin M. Lagardelle, est l'*attaque* contre les détenteurs du capital et la revendication de la direction de la production par les groupes producteurs. » Les syndicalistes révolutionnaires prétendent rejeter tout nationalisme au profit de l'internationalisme, mais leur lutte de classes est un nationalisme nouveau, élevé à la hauteur d'une religion, et qu'ils prétendent substituer à l'amour de la patrie. « Un travailleur doit aimer sa classe comme sa mère, » écrit un syndicaliste français. Soit. Mais pourquoi le travailleur n'aimerait-il pas aussi sa patrie, qui est sa vraie mère ? Les ouvriers français se flattent d'avoir une « conscience de classe » supérieure à celle des ouvriers des autres nations, en ce qu'elle enveloppe, sous une forme plus nette, des idées de justice et de solidarité humanitaire ; mais d'où leur vient cette supériorité ? — De leur *patrie,* qu'ils veulent renier, de cette France qui a fait 89 et qui leur a inspiré toutes les idées dont ils s'enorgueillissent. Leur *conscience de classe,* en tant qu'elle n'est pas une simple coalition d'intérêts communs et d'égoïsmes communs, est donc une conscience nationale, une conscience française qui, comme l'a toujours fait la vraie France, s'efforce de s'identifier à la conscience humaine. Sans leur patrie, ils n'auraient pas connu l'humanité, ses « droits » et ses titres universels.

Les philosophes du syndicalisme révolutionnaire nous promettent une morale nouvelle : une morale de classe, la « morale des producteurs. » En quoi peut consister cette morale nouvelle ? Pour produire, il faut déployer les vertus cardinales de l'antiquité : science ou sagesse, force de volonté, tempérance et maîtrise sur les passions sensuelles. Pour produire, il faut aussi, ce semble, respecter la justice et ce n'est pas trop de pratiquer encore la bienveillance, soit à l'égard des autres producteurs, soit à l'égard de ceux qui dirigent la production. La morale des producteurs est la vieille morale ou n'est rien qu'un de ces mots sonores dont on essaie de duper les foules. On veut, il est vrai, opposer cette morale à celle des *improductifs*, des *oisifs* et des *parasites* ; mais qui a jamais soutenu la morale de l'oisiveté ? Est-ce que les théologiens eux-mêmes n'ont pas placé la paresse dans leur liste des péchés capitaux, à côté de la luxure et de la gourmandise ? La moralité des producteurs ne peut donc s'opposer qu'à l'immoralité des paresseux. L'arrière-pensée des socialistes, c'est que les ouvriers seuls sont des producteurs, et que la seule morale est la morale ouvrière ; mais nulle classe ne peut accaparer la morale, pas plus la classe prolétarienne que la classe « bourgeoise. » Quand même la lutte en vue de la puissance et de la jouissance serait vraiment la loi de l'humanité, est-il prouvé que le triomphe final de la multitude amènera un état meilleur ? Les nouveaux vainqueurs vaudront-ils mieux que les anciens, et la nouvelle servitude sera-t-elle plus douce parce qu'elle sera la toute-puissance du nombre ? Les marxistes eux-mêmes ont sans cesse à la bouche, autant que M. Sighele ou M. G. Le Bon, l'infériorité des « foules, » de la « mentalité collective ; » comment donc la sagesse et la justice régneront-elles si la foule devient toute-puissante ? Comment les esprits inférieurs auront-ils le privilège de réaliser l'ordre supérieur ? On peut se demander si, le jour où l'autorité sera exercée non plus par la classe moyenne, mais par la masse ouvrière, dont l'éducation sera toujours et nécessairement moindre, les abus disparaîtront par enchantement, et si la « dictature du travail manuel » sera moins oppressive que la « dictature du capital. »

Le réformisme sociologique admet que la classe des prolétaires modernes, à demi affranchie dans l'ordre politique, aspire justement à l'affranchissement économique, » qu'elle prétend justement à l'indépendance, au bien-être, au plein exercice de toutes ses facultés. Tocqueville a dit : « Il est contradictoire que le peuple soit à la fois souverain et misérable. » Mais les collectivistes ajoutent sans preuve, avec Marx, que, dans le système de la propriété individuelle, la propriété est *à jamais le privilège d'une minorité* ; d'où ils concluent que les travailleurs ne pourront arriver tous à la propriété qu'en révolutionnant, comme dit M. Jaurès, le système même de la propriété. Les mots vagues : privilège, « révolutionner, » etc., déguisent la pétition de principe contenue dans le socialisme collectiviste et communiste. Le régime de la propriété peut évoluer socialement vers la justice ou même, avec le temps, être *révolutionné* de bien des manières sans pour cela aboutir au collectivisme, encore moins au communisme ; et cependant, les collectivistes et communistes parlent toujours comme si une seule solution du problème, la leur, était possible et juste. *Il faut*, par exemple, — si l'on en croit certains articles publiés par M. Jaurès, un idéaliste qui s'inspire trop du matérialisme de Marx, — il faut que tous les moyens de production, les usines, l'outillage, le sol deviennent la propriété de la communauté sociale, qui en déléguera l'usage aux travailleurs organisés et affranchis. — C'est là une affirmation dont il *faudrait* faire la preuve. — Les prolétaires, ajoute-t-on avec Marx, *ne* peuvent parvenir à l'entier développement humain « *que* par la propriété communiste, » *négation* de la propriété capitaliste et bourgeoise. — C'est encore ce qu'il *faudrait* prouver et ce qu'on se dispense de prouver. — La « loi de croissance » du prolétariat moderne est « *en contradiction absolue* avec le système de propriété sur lequel repose la classe bourgeoise. » Cette contradiction absolue ne serait-elle point une invention de la dialectique marxiste ? Il y a « lutte essentielle, interne, fondamentale des deux classes. » — Nous avons vu, au contraire, que la lutte, ici comme partout, est accidentelle et provisoire. — Il serait puéril d'attendre de la classé en possession « qu'elle se dépouille elle-même de son privilège, qu'elle renonce spontanément à ce qu'elle considère comme son droit ; » elle pourra, ou par philanthropie ou sous la pression des événements, « consentir telle ou telle réforme, tel ou tel sacrifice, » mais quand il faudra *faire le saut*, franchir le pas décisif, *passer du système capitaliste au système communiste*, « elle résistera de toutes ses forces. » — Elle aura bien raison, car ce passage du régime actuel au régime communiste, sans transition, serait un « saut mortel, » d'ailleurs impossible. — C'est donc « de lui-même, » — entendez d'une révolution faite par lui, d'une « catastrophe » ou d'un déluge (qui pourrait être un déluge de sang) que « le prolétariat doit attendre le salut ; » il ne doit être « une annexe, une dépendance d'aucun parti bourgeois ; » il doit « se constituer en parti distinct, en parti de *classe*, en parti socialiste. » C'est ainsi que les idéalistes eux-mêmes empruntent à Marx la lutte de classes substituée au développement régulier et évolutionniste de la propriété. Cette guerre de classes, assure-t-on (toujours sans preuve), « est le principe, la base, la loi même du parti socialiste ; ceux qui n'admettent pas la lutte de classes peuvent être républicains, démocrates, radicaux ou même radicaux socialistes ; ils ne sont pas socialistes. » Tel est le credo en dehors duquel il n'y a point de salut et qui n'est pourtant encore qu'une affirmation gratuite. — Reconnaître la lutte de classes, c'est dire que « dans la société d'aujourd'hui il y a deux classes, la bourgeoisie capitaliste et le prolétariat, » qui sont dans de tels rapports que l'entier développement de l'une suppose la *disparition* de l'autre. Une pareille antithèse, nous l'avons vu, n'existe que dans l'ontologie abstraite qui roule sur l'entité bourgeoisie et sur l'entité prolétariat, sur l'entité capital et sur l'entité travail, considérés comme deux absolus antinomiques. En fait, nous sommes tous capitalistes par rapport à quelqu'un, travailleurs par rapport à quelqu'un. Le capital n'est pas tout entier à un pôle, la main-d'œuvre tout entière à l'autre pôle. Les « classes » séparées sont des abstractions : tout est ouvert et tout circule de l'une à l'autre. La « lutte des classes » aboutit à la trop célèbre définition du socialisme : « ce grand souffle de haine, » et à l'axiome : « la haine est créatrice. » Nous ne saurions, pour notre part, admettre cet évangile à rebours. Pour le sociologue réformiste, comme pour le moraliste, ce n'est pas la haine, c'est l'union fraternelle qui doit exister entre la tête et les bras, entre le travail intellectuel et le travail manuel, entre l'invention initiatrice et l'imitation reproductrice, entre le travail solidifié du passé et le travail fluide du présent. Ce n'est pas non plus la force qui est « l'accoucheuse des sociétés, » c'est la science, et la science ne vit que par la liberté individuelle, bien qu'elle soit la grande source des idées universelles.

Le deuxième dogme du socialisme est l'affirmation que la société future sera collectiviste et même communiste. Selon Marx, le monopole du capital devient une entrave pour le mode de production qui a grandi et prospéré avec lui et sous ses auspices. L'appropriation capitaliste, conforme au mode de production capitaliste, constitue la première négation de cette propriété privée qui n'est que le corollaire du travail indépendant et individuel. Mais la production capitaliste engendre sa propre négation. C'est la négation de la négation, qui rétablira la *possession commune* de tous les moyens de production, y compris le sol.

Marx fait ainsi de la dialectique hégélienne et joue avec les notions, ou même avec les mots. Qu'est-ce que l'*appropriation capitaliste* ? En quoi le capital est-il essentiellement une négation de la propriété privée et du salaire dû au travailleur ? On ne doit pas faire entrer des abus accidentels dans la définition essentielle. En quoi la propriété engendre-t-elle sa propre négation, qui devient une négation de la négation ? — Parce que ses abus provoquent une réaction du salaire contre le capital. — Mais il en est ainsi des abus de toutes choses, sans qu'il y ait besoin, pour l'expliquer, de faire de la dialectique à outrance ; La négation de la négation, l'affirmation nouvelle, troisième moment du procès dialectique, serait, selon Marx, non la propriété privée, mais la « propriété individuelle » consistant dans la « communauté » absolue. Bel exemple de l'identité des contradictoires ! Mais qui croira que la propriété individuelle consiste à n'être propriétaire qu'avec la communauté et dans la communauté ? à n'être propriétaire qu'avec la totalité des Français ou, pour être logique, qu'avec la totalité des humains ? Si le marteau du forgeron est le marteau du genre humain, ou, tout au moins, de la vaste communauté dont le forgeron fait partie, il n'y a plus propriété individuelle : aucun tour de passe-passe dialectique ne nous persuadera que cette manière de posséder, ou plutôt de ne pas posséder, est une propriété.

La prédiction finale du communisme par Marx est en contradiction avec la méthode expérimentale et avec les données historiques. Vous répétez à satiété que le moulin à eau nous a donné la société féodale, que le moulin à vapeur, impossible à *prévoir* sous la féodalité, a donné la société capitaliste ; comment donc vous, serait-il possible aujourd'hui de *prévoir* quelle forme de société donnera le moulin à électricité et « le moulin qui succédera à ce moulin ? » Les futures découvertes de la science et leurs répercussions sur l'organisation sociale restent pour nous, comme on l'a fort bien dit, « le livre aux sept sceaux. »

Selon Marx, en même temps que la concentration capitaliste, notre époque voit se développer, sur une échelle toujours croissante, l'application de la *science* à la *technique*, la transformation des *outils individuels* en instruments qui ne peuvent exercer leur puissance que par l'usage *commun*. — Sans doute ; mais ne jouons pas sur le mot *commun*. Ce terme ne désigne pas nécessairement la communauté socialiste ou communiste ; il s'applique tout aussi bien à n'importe quelle association d'hommes travaillant *en commun*. A vrai dire, le travail absolument *isolé* et *individuel* est très rare. Dès le début de l'humanité, on a travaillé à deux, à trois, à quatre, en commun. De ce que la libre coopération est vieille comme le monde, il ne résulte pas que le collectivisme et le communisme, c'est-à-dire la coopération forcée et réglementée par l'administration, soit l'idéal scientifique de l'humanité. De tels raisonnements n'ont rien de conforme à la vraie méthode. Il est impossible de prouver que le communisme, en fait et en droit, soit l'aboutissant du mouvement historique et même de la lutte actuelle des classes. Le marxisme, au lieu de la méthode expérimentale, se contente de la spéculation abstraite jointe à l'empirisme révolutionnaire.

Enfin, le maintien systématique de l'état de guerre entre les classes est aussi contraire à l'évolution progressive des sociétés que le maintien systématique de l'état de guerre entre les nations. La grève, érigée en procédé général et presque constant par les syndicalistes émeutiers, est le retour volontaire à la barbarie dans les relations économiques. Le sabotage, procédé lâche de guerre, diminue la production générale en même temps que les bénéfices particuliers du patron ; il diminue par cela même la prospérité de l'industrie, il diminue le fonds des salaires. L'ouvrier, qui prétend se rendre par-là utile à ses pareils, ne s'aperçoit pas que c'est toute la classe ouvrière qui finit par en souffrir. A Fougères, les ouvriers, — bretons bretonnants, — ont montré naguère une telle obstination à demander l'impossible et à saboter l'ouvrage, que de grands fabricants de chaussures ont émigré dans les localités voisines et que d'autres se préparent à en faire autant. Pour attirer ces derniers, les municipalités environnantes n'ont offert rien moins que le remboursement des frais d'installation et une détaxe de dix ans. Toute extension du marché industriel est, pour les patrons, une source de profits pour les ouvriers, une source de salaires ; toute restriction du même marché est à la fois ruineuse pour tes patrons et pour les ouvriers : voilà le principe d'où il faut partir et que méconnaissent les révolutionnaires. En outre, l'industrie d'un pays ne peut être florissante que par le renouvellement perpétuel de l'outillage ; c'est une nécessité due aux progrès de plus en plus rapides de la science et de la technique. Mais comment les capitaux se résoudront-ils aux risques de ce renouvellement, si on entretient une atmosphère d'insécurité et d'inquiétude, sous la menace perpétuelle de la grève générale ou partielle, du pillage, du sabotage et du boycottage ? S'excusera-t-on en disant que tous ces procédés ont pour but la hausse des salaires ? On oublie que toute hausse artificielle, en diminuant d'un seul coup et dans de vastes proportions les bénéfices des entreprises, arrête ou diminue les entreprises elles-mêmes, qui ne trouvent plus les capitaux nécessaires pour s'alimenter et progresser. Sans un espoir quelconque de bénéfice, — accompagné toujours des risques de perte, — nul ne voudra coopérer à une entreprise industrielle, agricole ou commerciale. De là abaissement de la production générale, donc aussi de la distribution possible entre les travailleurs. Le syndicalisme révolutionnaire tue la poule aux œufs d'or, sous prétexte de répartir ces œufs plus également entre tous.

En déduisant d'une prétendue insolidarité entre classes la nécessité d'une guerre ouverte ou sourde, le syndicalisme révolutionnaire méconnaît les principes les mieux établis de la sociologie. Il met en avant la loi d'airain qui pèse sur les ouvriers tant qu'ils ne se révoltent pas contre leurs tyrans ; mais toutes les lois économiques sont d'airain et pèsent sur les patrons comme sur les ouvriers, *solidairement*. Qu'un certain nombre d'industries voient diminuer leur production et se ruinent, voilà des ouvriers sans ouvrage et sans pain ; voilà aussi des actionnaires ou obligataires qui auront perdu leur argent, leurs économies ; plusieurs, peut-être, se trouveront ruinés du coup et, dans leur désespoir, se feront sauter la cervelle. Voilà aussi la production générale du pays et son crédit rabaissés sur le marché international. Si ce pays ne produit pas assez pour exporter, il ne pourra pas importer les objets dont il a besoin et qui souvent, comme en Belgique ou en Angleterre, ne sont rien moins que des denrées alimentaires, des subsistances.[1] Crise nouvelle, famine, etc. Toutes ces lois sont encore d'airain, et ce sont des lois de solidarité qui foulque tous souffrent des souffrances de chacun. Ce qui n'empêche pas nos ouvriers, en France, de proclamer obstinément leur « insolidarité. » Ils ne sont pas solidaires des patrons, ils ne sont pas solidaires des bourgeois, ils ne sont pas solidaires de leur patrie ! Ils se suffisent à eux-mêmes, comme le dieu d'Aristote, ils sont une classe à part, indépendante, autonome, autocrate. Mais alors, pourquoi demandent-ils de l'ouvrage aux bourgeois dont ils sont tellement *insolidaires* ? La vérité est que chacun de nous est une maille de l'immense filet ; on ne peut tirer en un sens ou en l'autre sans que toutes les mailles, de la première à la dernière, soient changées de forme et de place. Ce n'est pas la peine de tant prêcher aux enfants des écoles la *solidarité humaine* si on leur persuade par ailleurs qu'il y a des *insolidaires*, et qu'ils sont la masse du peuple. Le triomphe du syndicalisme révolutionnaire serait pour la France une nouvelle révocation de l'édit de Nantes. Les grands chefs de l'industrie fuiraient à l'étranger, comme s'enfuirent en Allemagne ceux du XVIIe siècle, qui devaient contribuer à la prospérité économique de nos futurs vainqueurs. Mais une nation éclairée ne consentira jamais ainsi au renversement de ce qui est, sans savoir ce qu'on mettra à la place.

Section V

Concluons que, malgré la qualification adoptée par Marx, il n'y a pas et il ne peut pas y avoir à notre époque de socialisme scientifique, encore moins de collectivisme scientifique, encore bien moins de communisme scientifique. Tous ces termes préjugent ce qui est en question ; tous expriment des conclusions non démontrées ; or, la vraie science ne commence pas par conclure. Conclusion anticipée, c'est conclusion sophistiquée.

---

1 La Belgique doit acheter chaque année à l'étranger pour 600 millions de denrées alimentaires qui lui manquent.

Bien plus, le socialisme actuel est non-scientifique par nature même et par définition. En effet, est socialiste tout système qui admet que l'abolition de la propriété privée, de l'offre et de la demande, de la légitime concurrence sous les lois de la commune justice, constitue un régime *désirable, possible, certain* dans l'avenir. Or, ce sont trois postulats qui échappent nécessairement à la démonstration, les deux derniers surtout. Un système qui prononce dogmatiquement : « il *faut* abolir, on *peut* abolir, on abolira *de fait* la propriété individuelle, » un tel système se place en dehors de la science ; il s'y place encore plus que l'économisme traditionaliste, qui déclare que le régime actuel de la propriété est le seul désirable, le seul possible, le seul qui sera réel dans l'avenir. Le socialisme ne peut être aujourd'hui qu'une *opinion*, vraie ou fausse en elle-même, une *foi*, une figuration d'un avenir inconnu ; il ne peut pas être de la science. Il n'a donc pas le droit de se parer de cette étiquette, pour persuader à la masse qu'au lieu d'hypothèses il tient la certitude et que, l'avenir lui étant assuré, il a le droit de confisquer le présent.

Au point de vue théorique, c'est une construction en grande partie imaginaire, fondée sur des emprunts incomplets et souvent inexacts à l'économie politique, à la sociologie, à l'histoire. Au point de vue pratique, c'est un parti politique, social et religieux (quoique anti-religieux), un parti de combat pour qui tous les moyens sont justifiés en vue de la révolution sociale. Ce parti a obtenu d'importantes réformes, dont il faut lui savoir gré, mais ces réformes étaient compatibles avec les doctrines qui lui sont opposées. Scientifiquement jusqu'à nos jours, le socialisme n'existe pas.

La vraie science des sociétés n'est à l'avance ni socialiste ni individualiste. Elle étudie d'abord le réel et s'efforce, — tâche déjà énorme, — d'en saisir tous les principaux éléments, toutes les lois dominantes, ainsi que les grandes réactions des faits sociaux les uns sur les autres. Quand elle devient sociologie appliquée, elle cherche ce qui est *désirable* au point de vue juridique, moral et économique ; puis elle se demande quelles modifications de la réalité sont actuellement *possibles* en vue de cet idéal. Elle peut même se livrer, dans ses inductions dernières, à des spéculations sur la réalité à venir ; mais elle les présente comme des conjectures, non comme des faits déjà acquis ou comme des principes évidents au nom desquels on aurait le droit de soulever les peuples. Notre devoir scientifique et notre devoir moral nous prescrivent également d'être réformistes, aussi largement et aussi radicalement qu'il est possible : ils nous défendent de nous enfermer dans des systèmes incomplets, soit économistes, soit socialistes, qui, en se donnant comme le tout, ne peuvent que tromper et fausser les consciences.

Il se produit sous nos yeux un phénomène digne d'attention. Considérez toutes les prémisses théoriques du socialisme, — valeur adéquate au travail, sur travail, plus-value, revenu sans travail, division tranchée et antagonisme des classes, matérialisme historique, théorie catastrophique, triomphe final de la masse des prolétaires, devenue de plus en plus grande, sur le nombre décroissant de capitalistes qui détiennent la fortune, etc. ; toutes ces prémisses ont été renversées l'une après l'autre, ou ramenées, comme nous l'avons fait voir, à des exagérations et déformations de maux trop réels. Et cependant, les socialistes continuent de soutenir toutes les conclusions qui découlaient de ces prémisses ruinées : abolition ou mutilation de la propriété privée, établissement de la propriété collective, répartition des travaux et des salaires par la collectivité, communisme final. C'est comme si un physicien enseignait encore toutes les conséquences de la théorie du *phlogistique* après le renversement de cette hypothèse. Conclusions de prémisses inexactes ou incomplètement vraies, le collectivisme survit à la ruine de ses propres principes. Qu'est-ce qui fait donc cette vitalité du socialisme, malgré son insuffisance scientifique ? C'est précisément que, loin d'être un ensemble de vérités démontrées, il est une foi populaire, une espérance, un amour, malheureusement doublé de haine. Il constitue, comme nous l'avons montré, une nouvelle religion où se symbolisent les besoins et les revendications de la classe souffrante. Il subsistera longtemps, à ce titre, comme moyen de ralliement pour tous ceux qui souffrent ou s'intéressent aux souffrances des autres, tant que la science sociale n'aura pas trouvé des remèdes à cette misère contre laquelle nous devons tous lutter.

Dans la ville d'eaux où j'écris ces pages, on rencontre, sur le chemin suivi par les promeneurs, deux enfants misérables : une petite fille couchée dans une voiturette, couverte de plaies, épuisée par la scrofulose, l'une de ses mains rougies toute mutilée, l'autre tenant un gobelet pour recevoir le sou du passant ; à côté, son jeune frère qui la traîne et l'offre en spectacle. Témoin de cette scène, une dame qui avait d'abord jeté en passant son aumône songea combien la petite malade devait souffrir dans cette immobilité et cette inaction, sans même un jouet pour la distraire. Et cette dame aussitôt, prise de pitié, achète au bazar voisin une poupée de treize sous pour la donner à l'enfant. Poupée charmante, au visage rose, aux yeux d'émail noir, aux cheveux bouclés, avec un béret rouge, une robe rouge, des membres articulés, une tête qui se tourne et salue, des bras qui se renversent, des jambes qui s'écartent pour la marche ou la course, tout cela pour treize sous ! Et la dame de songer avec tristesse : « Pour distraire cette petite misérable, que d'autres misères, sans le savoir, se sont employées, et pendant combien d'heures. Quelque pauvre fille a dû arranger la perruque minuscule. D'autres ont dû tailler les petits vêtements, les coudre, les ajuster, mettre par-dessus un petit nœud de ruban ; d'autres ont dû peindre le visage et les yeux. Et sur les treize sous, quelle sera la part de leurs salaires ? Déduisez le bénéfice des fournisseurs qui ont vendu le bois, les tissus, les couleurs, le crin, celui du fabricant de jouets, le prix du transport chez le marchand, le gain du marchand ; que restera-t-il pour payer les malheureuses ouvrières ? Ainsi, d'un côté, le mal irréparable dû à la nature, le pire de tous ; de l'autre, le mal dû aux conditions sociales, qui ne peut se réparer que trop lentement. La dame, en me faisant part de ces pensées, avait les yeux humides : dans l'enfant à jamais infirme et dans la poupée à bas prix façonnée par des *meurt-de-faim*, elle avait vu un raccourci de la misère humaine.

Les partisans des doctrines aristocratiques, comme Renan, veulent nous consoler en disant que le progrès suppose une oligarchie comblée de tous les biens, jouissant de loisirs qui lui permettent de cultiver la science et l'art, tandis que les autres hommes doivent travailler dans l'obscurité, dans l'ignorance et dans la pauvreté. C'est revenir aux doctrines antiques sur la prétendue nécessité de l'esclavage des masses pour le progrès des élites. De telles doctrines sont fausses. Le devoir de ceux qui ont pu profiter de la civilisation est d'en faire profiter les autres, au lieu de la garder pour eux sous prétexte qu'ils sont supérieurs. Il y a là un devoir de justice réparative, non pas seulement de charité. Il faut poursuivre l'universalisation et la répartition de plus en plus égale des biens, et non pas seulement en vue des simples consommations matérielles, mais en vue de l'accession de tous à la vie spirituelle. Quand certains moralistes nous disent que les riches sont les trésoriers des pauvres, nous devons entendre par ce mot les trésors spirituels encore plus que les matériels. Si nous participons davantage au vrai et au beau, c'est pour y faire participer tous les autres : notre vraie richesse est dans ce que nous donnons à autrui.

ISBN : 978-1979822930